AF502876

TRAITÉ

SUR L'INFANTERIE LÉGÈRE,

PRÉCÉDÉ

d'une Notice historique de cette arme,

DEPUIS LES TEMPS LES PLUS RECULÉS JUSQU'A NOS JOURS ;

PAR J^{H}. DE BEURMANN,

Capitaine au 55e de ligne, ex-S.-Lieutenant du 19e d'infanterie légère.

In pedibus robur.
VÉGÈCE.

PARIS,

ANSELIN, LIBRAIRE.

ET G. LAGUIONIE, IMPRIMEUR-LIBRAIRE,

Rue et passage Dauphine, n° 36.

1836.

IMPRIMERIE DE COSSE, APPERT ET G. LAGUIONIE,
Rue Christine, n° 2.

Ministère de la Guerre.

DIVISION DU PERSONNEL.

COPIE *d'une lettre du général Schramm au capitaine Beurmann.*

Je vous ai informé, Monsieur, par une lettre du 30 juillet 1835, que vos observations sur l'organisation de l'infanterie légère avaient été envoyées à l'examen du comité de l'infanterie et de la cavalerie.

D'après le compte qui m'en a été rendu, j'ai reconnu que votre Mémoire renferme des remarques judicieuses et des vues utiles, mais que les questions qui y sont soulevées ne pourraient être traitées et résolues qu'autant qu'on reconnaîtrait la nécessité d'organiser l'infanterie légère sur de nouvelles bases. Votre Mémoire serait d'ailleurs consulté, si l'on jugeait utile et opportun d'apporter des changemens au système d'organisation de l'infanterie légère.

Je ne puis qu'applaudir aux bonnes intentions qui vous ont fait entreprendre ce travail; j'y vois une nouvelle preuve de votre zèle et du désir que vous avez d'étendre vos connaissances militaires.

Le maréchal ministre de la guerre,

Par son ordre :

Le lieutenant-général directeur,

Signé Vicomte SCHRAMM.

INTRODUCTION.

Frédéric-le-Grand a dit que les troupes légères sont, pour le général, le flambeau qui doit toujours l'éclairer sur la situation, les mouvemens et la nature des desseins de l'ennemi.

Cette sentence est frappante de vérité, et elle suffit pour nous donner une idée exacte sur l'importance de l'infanterie légère.

N'ayant jamais pu comprendre que nous, Français, si haut placés en fait d'institutions et de gloire militaires, soyons restés en arrière de tous nos voisins pour l'organisation de nos troupes légères, et, sentant combien il serait nécessaire de leur en donner une nouvelle pour pouvoir en tirer tous les avantages qu'elles offrent à l'armée, sur laquelle elles exercent une grande influence, je n'ai pas hésité, malgré l'insuffisance de mes moyens, d'accomplir les vœux qu'ont formés presque tous les officiers qui ont étudié l'art de la guerre, en cherchant à mettre mes idées en harmonie avec celles de nos nombreux écrivains militaires qui ont traité de cette arme.

On ne saurait donc trop tôt songer à une nouvelle organisation pour nos vingt et un régimens d'infanterie légère, qui n'en portent que le nom, et qui sont si éloignés des vrais principes de leur institution primitive ; c'est dans ce but que je viens proposer un mode d'organisation tout-à-fait différent de celui de la ligne, qui, selon moi, doit avoir un grand avantage sur celui qu'on a adopté depuis trop long-temps pour le bien du service.

En effet, en temps de guerre l'on éprouve la nécessité de couvrir le front de nos bataillons par des tirailleurs, d'éclairer la marche de nos colonnes par des troupes qui puissent fouiller le pays qu'elles parcourent ; de sorte qu'on se trouve obligé de consacrer dans chaque bataillon la compagnie de voltigeurs, ou une du centre, ou bien encore un nombre quelconque de soldats, pour faire ce métier. Mais ces soldats ne peuvent remplir leur mission qu'assez imparfaitement, vu qu'ils n'ont appris ce métier que fort légèrement. Du reste, qu'arrive-t-il ? C'est que les mêmes soldats, placés tantôt en tirailleurs, reçoivent de leurs chefs des ordres opposés qui brouillent leurs idées et les confondent. C'est ainsi que nous gâtons les soldats de bataille par le métier de tirailleurs, en les habituant à quitter leurs rangs, et que l'habitude de manœuvrer en ligne les rend pesants pour le service des troupes légères, où il faut des hommes vifs, intelligens, et débarrassés de ce surcroît de charge dont on se plaît à les accabler.

L'homme, en général, n'a qu'une sphère d'intelligence fort circonscrite, et lorsqu'on lui demande des choses différentes, il les confond, les exécute mal et à contre temps. Quand on veut réussir dans un art quelconque, il faut s'y livrer exclusivement ; mais si l'on en embrasse plusieurs à la fois, on n'obtient qu'un succès médiocre.

La sûreté d'une armée, la justesse des mesures qui influent si directement sur ses succès, dépendent immédiatement de la vigilance, de l'instruction et des forces des troupes légères, comparées à celles de l'ennemi. Il est donc urgent que nous organisions notre infanterie légère et que nous l'instruisions de ses devoirs en campagne, de façon qu'elle ne laisse rien à désirer sur ces divers objets, et qu'elle puisse se mesurer avec un avantage certain contre celle de l'ennemi.

L'infanterie légere étant le flambeau du général, doit nécessairement se porter rapidement d'un point à un autre, surprendre son ennemi avec audace; elle doit enfin tout voir sans être vue, car c'est de la célérité de ses marches, de ses manœuvres et de l'ignorance de ses mouvemens, que dépendent toujours les succès de ses missions. Il faut donc pour cela qu'elle soit composée d'hommes nerveux, lestes et légers à la course, armés et équipés plus légèrement que ceux de la ligne; que son habillement et sa coiffure soient de même, et que l'on évite tout ce qui brille, afin qu'on l'aperçoive le moins possible, surtout dans les marches de nuit.

Les pays méridionaux de la France sont ceux que l'on doit prendre de préférence; car on trouve dans les Alpes et dans les Pyrénées, comme dans les Cévennes, des hommes habitués, dès leur plus tendre enfance, aux plus grandes fatigues, aux privations, aux ruses de guerre de montagne (1); qui sont lestes, nerveux et très intelligens, par conséquent très propres au service de l'infanterie légère.

Ainsi, traiter sur la nouvelle organisation à donner à notre infanterie légère; traiter de son éducation militaire, de ses devoirs en campagne, de son armement, de son équipement, de son habillement et de sa coiffure, tel est le but de cet ouvrage que je livre à la critique de mes frères d'armes, dont je réclame toute l'indulgence, si je n'ai pas le bonheur d'être de leur avis, en les priant aussi d'excuser le style d'un soldat, qui ne veut et ne peut avoir la prétention d'écrire élégamment.

---

(1) Les habitans de nos montagnes frontières font généralement la contrebande à main armée, ce qui leur fait employer mille ruses qui deviennent une bonne école pour des hommes destinés au service de l'infanterie légère.

Division de l'ouvrage.

Ier CHAPITRE.

Notice historique sur l'infanterie légère; de son influence sur les mouvemens secondaires de la guerre où elle joue le rôle principal, et sur ceux de la grande guerre où elle se trouve subordonnée.

2e CHAPITRE.

De l'organisation par bataillon, préférable à celle par régiment; de son recrutement et de ses différens dépôts.

3e CHAPITRE.

De l'armement, équipement, habillement et coiffure à lui donner, et de son administration.

4e CHAPITRE.

De son éducation militaire, de ses exercices, de ses manœuvres, et de son service en campagne.

5e CHAPITRE.

Des différens cours auxquels on devra assujétir les jeunes officiers; de la bibliothèque du corps; des écoles régimentaires pour les sous-officiers et soldats; des enfans de troupe.

TRAITÉ

SUR

L'INFANTERIE LÉGÈRE.

1er CHAPITRE.

Notice historique sur l'infanterie légère; de son influence sur les mouvemens secondaires de la guerre où elle joue le rôle principal, et sur ceux de la grande guerre où elle se trouve subordonnée.

L'ORIGINE de l'infanterie légère remonte aux premiers combats, et son institution se trouve consacrée par l'histoire des guerres anciennes et modernes.

L'antiquité nous a laissé les monumens les plus précieux pour servir à l'étude de l'art de la guerre; tels sont en première ligne, les Mémoires de Jules César, Végèce, Hérodote, Elien, Viodore, Arrien et Polybe; mais nul ne s'est élevé au-dessus du premier.

En effet, le guerrier dévore ces récits animés, énergiques et rapides de ces guerres contre les Gaulois; l'on y voit Rome renaître de ses cendres, après avoir été presqu'étouffée dans son berceau.

Ce grand homme ne se contente pas de nous raconter les victoires qu'il remporta pendant douze ans sur cent peuples divers, il nous instruit aussi de leurs mœurs, des coutumes de nos aïeux, et de leur manière de faire la guerre, de la composition des différentes armées; enfin, il ne néglige rien pour intéresser son lecteur, et certes l'on peut dire avec *Montaigne*, que ses Commentaires doivent être le bréviaire de tous les militaires.

C'est, par conséquent, en parcourant ces récits si intéressans, que nous voyons que les Romains, nos grands maîtres dans l'art de l'organisation des armées, avaient pour troupes légères leurs Célères, leurs Vélites et leurs Ferentaires (1); ils avaient quarante Vélites par cohorte, qui étaient chargés des reconnaissances, des escarmouches, de poursuivre l'ennemi en déroute; on les choisissait dans le peuple peu fortuné; c'étaient des jeunes gens lestes, armés d'une épée, d'un bouclier et

(1) Les férentaires étaient des troupes auxiliaries.

d'une parme (2) ; les Ferentaires avaient pour armes l'épée, les flèches et la fronde.

L'on voit dans toutes les campagnes des Romains l'emploi des troupes légères : Pompée avait reçu deux cohortes de frondeurs dans le secours que Scipion lui amenait de Syrie (*a*). Scipion et Labienus ont aussi mis en pratique le mélange de la cavalerie avec leur infanterie légère, en se précipitant sur les cavaliers romains avec toute leur infanterie légère et leur cavalerie (*b*).

Lorsque César poursuivit les Suisses après le passage de la Saône, durant la guerre des Gaules, nous voyons qu'il eut soin de placer, à l'avant-garde de sa cavalerie, ses troupes légères, sous les ordres de P. Considius, qui avait fait la guerre sous Sylla et Crassus ; on voit aussi que dans la guerre civile de Rome, César, s'étant un jour saisi, avec la neuvième légion, d'une hauteur où il commençait à se fortifier, Pompée s'empara de la

---

(2) La parme était un grand bouclier pour mettre l'homme à couvert.

(*a*) An, avant J.-C. (46), de Rome, 607.

(*b*) An, avant J.-C. (44), de Rome, 609. Guerre d'Afrique.

hauteur voisine qui lui était opposée, et se mit à le troubler dans son travail ; et , comme il pouvait y aborder par un sentier uni, il envoya d'abord contre eux ses archers et ses frondeurs, qu'il fit soutenir ensuite par son infanterie légère, pour l'empêcher de s'y fortifier à son tour.

Dans la guerre de Jugurtha, nous voyons Metellus, consul romain, se tenir lui-même aux premiers rangs avec l'élite des frondeurs et des troupes légères , et après avoir reconnu le piége que lui tendaient les Numides qui l'avaient dévancé par une marche rapide à travers des sentiers secrets, et après avoir jeté des frondeurs et des archers dans les bataillons, nous le voyons encore employer avec avantage toutes ses troupes légères, qui vont aller tracer un camp près du fleuve (*c*), ayant son lieutenant Rutilius à leur tête.

César, dans la guerre contre Arioviste, fit usage de sa troupe légère pour connaître la position de l'ennemi, ce qui nous prouve qu'on

---

(*c*) Ce fleuve se trouve en Numidie, près de Vacca, ville très commerçante et très peuplée de marchands italiens : il prend sa source au midi, et se nomme *Muthul*.

sentit dans les temps l'utilité de cette arme spéciale pour les grandes reconnaissances. Les Grecs, qui se sont distingués à Marathon, à Salamine, qui se sont couverts de gloire à Leuctres et aux Thermopyles, avaient trois sortes de soldats : les uns armés à la légère, les autres moins légèrement, et les derniers pesamment armés.

La phalange invincible contre toute espèce de formation, ne pouvait être détruite que par l'infanterie légère : ainsi Philippe contre les Phocéens, et Alexandre contre les Thraces, sentirent-ils le désavantage de combattre dans un pays montagneux et hérissé d'obstacles; les troupes lègères y parvinrent presque sans danger, ce qui prouve aussi la grande influence qu'exerçait déjà cette arme dans les temps les plus reculés, où l'art de la guerre se trouvait encore à son berceau.

Dans la retraite des dix mille, deux cents Rhodiens, armés de frondes, furent détachés de la phalange, par les conseils de Xénophon, pour écarter les frondeurs des Perses qui la harcelaient.

Les Parthes, si vantés par leur adresse, leur agilité, détruisirent, dans les plaines de la Mésopotamie, les légions de Crassus. Hippocrate l'Athénien a dit qu'un corps d'armée ressemblait à un corps humain, dont le général en chef serait la tête, les officiers les nerfs, l'infanterie de ligne le buste, la cavalerie les pieds, et les mains l'infanterie légère; ce qui fait dire à un écrivain militaire que les troupes légères sont nécessaires à l'armée comme les mains au corps humain, pour atteindre de loin (3).

Depuis que les principes stratégiques, qui prescrivent aux corps pesants, de n'avancer qu'avec prudence et lenteur, de ne pas s'éloigner de leurs dépôts et de leurs réserves, de s'arrêter et de se renfermer sur chaque nouvelle ligne d'opérations, ont exigé l'emploi d'un grand nombre de troupes légères pour établir les communications des corps entre eux, pour les rattacher à leurs réserves et à leurs dépôts, pour reconnaître et tenir l'ennemi en respect; nous avons vu toutes les puissances européennes former, plus où moins et sous différentes dénominations, leur infanterie légère.

L'Autriche, qui a un régiment de carabiniers

---

(3) Il serait mieux de dire : comme les yeux à l'homme pour voir de loin. (*Note de l'auteur*).

tyroliens, ses chasseurs du loup, plus douze bataillons de chasseurs, qui sont de neuf cents hommes chacun en temps de paix, et de douze cents en temps de guerre, avait, à l'époque du perfectionnement des armes, ses Croates, ses Pandours, ses Talpaches (*x*), qui, recrutés en Hongrie, en Esclavonie et en Croatie, étaient composés d'hommes habitués à une vie sauvage, et faisaient le plus grand mal à leurs ennemis par leurs attaques de jour et de nuit.

La Russie possède 80,000 hommes de chasseurs à pied pour 763,000 hommes, qui est l'effectif de l'armée en temps de paix.

La Prusse nous a prouvé, malgré ses nombreuses défaites, l'excellence de ses troupes légères, et elle possède aussi de nombreux bataillons de chasseurs.

Les miquelets espagnols, composés de montagnards basques et catalans, ne le cédaient pas aux barbets sardes recrutés dans les Alpes, et leurs nombreuses guérillas, ainsi que leurs bataillons de Casadores, ont toujours prouvé l'excellence de leur organisation.

(*x*) Les Talpaches étaient de l'infanterie hongroise.

Enfin, tous nos voisins ont leur infanterie légère ; et il est à remarquer que partout nous la trouvons organisée selon le principe de son institution ; il n'y a que nous, Français, qui, malgré les leçons du passé et les bssoins du présent, n'avons pas encore compris toute l'importance d'une organisation spéciale pour cette arme.

Il est bien vrai que nous eûmes en principe les arquebusiers qui étaient destinés à tirailler, et les piquiers qui combattaient de pied ferme; témoin la bataille de Pavie, qui se donna en 1525, où les arquebusiers basques, jetés en tirailleurs sur le front de la gendarmerie française, lui firent éprouver de si grandes pertes par leur feu meurtrier qu'ils décidèrent du succès de la journée.

Le mousquet remplaça l'arquebuse après le perfectionnement des armes introduites en France, et nous eûmes les mousquetaires qu'on appelait aussi enfans perdus, parce qu'ils éclairaient les marches et engageaient les combats.

Les guerres de la révolution, en faisant prendre à l'art militaire un essor si brillant, n'ont fait que révéler de plus en plus l'utilité des corps de tirailleurs. Dans les nombreuses armées de 1793 qui surgirent de notre sol comme par enchantement pour couvrir nos frontières, qui, formées à la hâte, par une levée en masse, n'avaient que leur bouillant courage à opposer à l'adresse des Tyroliens, des chasseurs du loup de l'Autriche, nos généraux sentirent le besoin de suppléer promptement à notre inexpérience militaire, par la formation des corps francs, et en exerçant notre infanterie légère au service de tirailleurs; aussi ce genre de guerre prit tellement faveur en ces temps difficiles de la république, que les combats les plus importans furent toujours couronnés des plus brillants succès par des attaques en tirailleurs.

Lorsque le fusil à baïonnette devint l'arme commune à toute l'infanterie, cette similitude des armes conduisit par dégrés à confondre ces deux espèces de troupes, dont le service est bien différent; alors il n'y eut plus d'infanterie légère.

Après la révolution de 89, nous avions pour troupes légères les bataillons de chasseurs des Cévennes, du Vivarais, des Alpes, de Corse, des Pyrénées, qui formèrent nos demi-brigades d'infanterie légère, qui étaient toujours les têtes de colonnes de nos divisions, mais qui ne différaient de l'infanterie de bataille que par l'uniforme ; car, armés et équipés de même, recevant la même instruction, leur service aux armées était le même en tout et partout. Aussitôt que l'illustre maréchal Gouvion-Saint-Cyr parut au ministère de la guerre, il reconstitua l'armée, et, sentant la nécessité de diviser notre infanterie en deux espèces bien distinctes, il ordonna que tels et tels départemens fourniraient les légions de chasseurs ; il changea l'uniforme, l'équipement et l'armement, mais il ne pensa pas à l'éducation militaire de cette arme, ou du moins on ne lui laissa pas le temps d'accomplir ses divers projets de réorganisation, car on lui ôta son portefeuille au grand mécontentement de toutes nos illustrations militaires, dont il était le vrai soutien.

Depuis cette époque on changea nos légions en régimens de ligne, et soi-disant d'infanterie légère, sans remplir l'objet principal de cette organisation.

On aurait cependant dû se reporter en 93 : alors nous avions, outre nos demi-brigades légères, les légions françaises des Francs des montagnes, des Westermann, des Rosenthal, des Allobroges, qui, par leurs services importans rendus aux différentes armées, parlaient assez en faveur du remaniement de nos troupes légères. Mais non, au contraire, ces différens corps qui ne firent que paraître un instant sur le théâtre de la guerre, furent même licenciés ou fondus dans d'autres, et on ne songea nullement à suivre le bon exemple de nos voisins, qui leur valut de nombreux succès.

Certes, cette organisation était encore bien vicieuse; c'était celle qu'avait commandée le moment critique dans lequel se trouvait alors la France; tout s'était organisé à la hâte, par conséquent sans ordre, sans aucune combinaison; mais on aurait pu la conserver en y introduisant toutes les améliorations dont elle était susceptible, et alors nous n'eussions pas fait d'aussi rudes écoles dans nos guerres du Tyrol et dans nos guerres d'Espagne, où le besoin d'une bonne infanterie légère se fit sentir plus d'une fois.

Je ne porterai pas plus loin mes recherches dans l'historique de cette arme, pour en prouver toute son excellence, et je crois qu'on restera convaincu de l'importance d'une nouvelle organisation, qui la mette en harmonie avec le genre de service auquel elle se trouve subordonnée par sa nature même.

Il me reste néanmoins à parler de l'influence qu'elle exerce sur les différentes opérations de la petite guerre, comme sur celles de la grande guerre.

Je commencerai premièrement par définir l'expression *de la petite guerre*, et je dirai, avec le général Valentini, que toutes les opérations militaires qui n'ont pour objet que de favoriser celles d'une armée ou d'un corps d'armée, sans se rapporter immédiatement à la conquête ou à la défense d'un pays, sont celles qu'on doit comprendre sous la dénomination de la petite guerre

La sûreté ou la garde du corps principal, et ces sortes d'affaires dans lesquelles on cherche seulement à nuire à l'ennemi, voilà proprement l'objet de la petite guerre, qui est l'école des troupes.

On ne peut espérer davantage dans la petite guerre, si les fractions des troupes qu'on y emploie ne possèdent l'art de se suffire à elles-mêmes.

L'intelligence, la pénétration, la finesse et la ruse, doivent caractériser depuis le chef jusqu'au soldat : or, de toutes les troupes, celles qu'on nomme troupes légères sont celles dont l'éducation est la plus propre à faire acquérir cette précieuse qualité, puisque celui qui est destiné à combattre isolément doit nécessairement savoir se soutenir quand il est abandonné à lui-même. C'est pourquoi dans la petite guerre, on se sert de troupes légères plus volontiers que de toutes les autres.

Nous disons plus volontiers et non pas exclusivement, parce que dans les armées où l'instruction des troupes légères n'est pas d'une différence marquée de celle des troupes de ligne, ces dernières peuvent être employées aussi utilement que les premières.

Le mouvement pouvant être considéré comme le véritable élément de la petite guerre, c'est encore un motif de plus pour y employer de préférence des troupes légères.

1° La sûreté de l'armée et de toutes ses parties.

2° L'établissement et la conservation des communications qui doivent exister entre ces diverses parties pour en faire un tout.

3° La protection des convois, des vivres, des fourrages et du matériel.

4° La reconnaissance du terrain que l'ennemi a devant lui, et de la position qu'il occupe.

5° Enfin, toutes les manières possibles de nuire à l'ennemi, ce qui comprend les ruses au moyen desquelles on parvient souvent au résultat désiré plus facilement qu'en employant la force ouverte.

Nous avons dit que l'infanterie légère jouait le principal rôle dans la petite guerre, et qu'elle exerçait une grande influence sur les mouvemens, et, par contre coup, sur ceux des grandes opérations auxquelles elle se trouve subordonnée.

En effet, puisque c'est l'infanterie légère qu'on doit choisir de préférence pour le service des avant-postes, de celui des convois et des reconnaissances, il est bien clair que si elle ne remplissait pas bien le but désiré que l'armée serait compromise.

Quoique la petite guerre exige le concours de toutes les armes, l'infanterie en est la principale force, car elle peut presque tout sans le secours des autres qui ne peuvent rien sans elle. Or donc, puisqu'il est évident que la petite guerre ne peut se faire avec succès sans le concours de l'infanterie légère, il est bien constaté qu'elle y joue le rôle principal, et que son influence est très grande sur les succès qu'on y obtient par la justesse des combinaisons faites avec ces différentes armes de l'armée, qui sont : l'infanterie, la cavalerie et l'artillerie.

Ce qui prouve encore que le rôle principal dans les opérations de la petite guerre appartient à l'infanterie légère, c'est que les partis de cavalerie sont rarement abandonnés à eux-mêmes, qu'il leur faut toujours de l'infanterie, surtout dans les pays accidentés, et que l'artillerie qui n'est jamais abandonnée à elle-même dans un parti, a toujours de la cavalerie pour escorte, et même souvent la cavalerie et l'infanterie. L'on voit donc par les différentes combinaisons de ces armes, que l'infanterie légère est toujours occupée, tandis que les autres ne sont qu'acteurs secondaires quoique indispensables pour obtenir de pleins succès dans les différentes entreprises de ces partis.

Quant à l'influence qu'elle exerce sur les grandes opérations de la guerre où elle se trouve subordonnée, c'est, quoiqu'on puisse imaginer rigoureusement les opérations principales de la grande guerre sans la petite guerre, l'on ne peut imaginer une petite guerre sans la grande guerre.

Et puisque l'infanterie légère joue le rôle principal dans la petite guerre (où elle exerce une si grande influence), qui ne peut exister sans la grande, il reste bien prouvé que cette influence devient la même sur les manœuvres des grandes opérations auxquelles elle se trouve subordonnée.

2e CHAPITRE.

De l'organisation de l'infanterie légère par bataillon, préférable à celle par régiment; de son recrutement et de ses différens dépôts.

L'infanterie légère ayant toujours fait le service de l'infanterie de bataille, son organisation était toute naturelle ; mais si l'on vient jamais à vouloir la faire rentrer dans ses attributions spéciales en changeant son éducation militaire, on devra alors la former par bataillon; et en voici la raison : un bataillon de 900 à 1000 hommes, peut suffire aux besoins d'une division d'infanterie, et cette organisation nous offre l'avantage d'avoir le corps entier sous les yeux de son chef, tandis qu'un régiment, fort de 2,400 ou 3,000 chasseurs, serait plus que suffisant pour les exigeances de son service près d'une division, ce qui nous forcerait à former divers détachemens qui sont toujours préjudiciables à l'ensemble d'un corps quelconque. Ainsi, en calculant la force de nos armées, et en la portant à 300,000 hommes au plus, pour agir activement contre l'ennemi, nous trouverons que trente bataillons suffiront pour les besoins de l'armée; ce qui vous donnera 27,000 à 30,000 hommes de troupes légères, chiffre bien au-dessus de celui que nous offre la situation militaire de l'Autriche, qui ne se monte qu'à 19,000 hommes pour les masses que ce vaste Empire peut mettre en ligne aussi bien que nous

Si je ne propose que la formation de trente bataillons, c'est que je compte que mes 300,000 hommes ne nous donneront jamais plus de vingt divisions d'infanterie, et que nous aurions toujours une bonne réserve avec nos dix bataillons en sus, plus les compagnies de chasseurs francs-tireurs, que l'on doit former, et qui manquent à la France pour compléter son système d'organisation militaire.

Chaque bataillon de chasseurs aura huit compagnies, y compris celles de dépôt de recrutement et hors-rangs.

Les cadres de ces bataillons seront formés ainsi qu'il suit:

Grand État-Major.

Chef de bataillon.	1
Capitaine-major.	1
Capitaine adjudant-major.	1
Lieutenant trésorier.	1
Lieutenant d'habillement.	1
Chirurgien aide-major.	1
Chirurgien sous-aide.	1
Capitaine du génie ou d'artillerie, professeur de mathématiques et de fortification passagère.	1
Total. . .	8

Petit État-Major.

Adjudans sous-officiers.	3
Sergent-clairon.	1
Caporal-clairon.	1
Maître tailleur.	1
Maître cordonnier.	1
Maître armurier.	1
Caporal muletier.	1
Muletiers.	6
Total. . .	15

Compagnie.

Capitaine.	1
Lieutenant en premier.	1
Lieutenant en second.	1
Sous-Lieutenant.	1
Total des officiers. . .	4
Sergent major.	1
Sergent fourrier.	1
Sergens.	6
Caporaux.	12
Chasseurs.	126
Clairons.	4
Total de la troupe. . .	150
Enfans de troupe.	2

Le chef de bataillon étant le chef de corps on devra le prendre parmi les plus capables et les plus jeunes de l'infanterie de ligne, après avoir toutefois bien reconnu qu'ils sont propres à ce genre de service, si différent de celui de la ligne.

Le capitaine major remplira les fonctions de major et en aura toutes les attributions.

Les officiers comptables devront toujours passer dans un régiment de ligne par suite d'avancement, par la raison que leur chef immédiat n'est que capitaine.

Les fonctions d'adjudant sous-officier étant très pénibles en temps de guerre, j'ai cru nécessaire d'en porter le chiffre à trois, pour le temps de guerre seulement, et à deux pour le temps de paix.

Comme ces bataillons de chasseurs seront appelés à manœuvrer isolément, soit en reconnaissance militaire, soit comme avant-garde dans des pays difficiles et montueux, que notre train d'artillerie ne peut parcourir qu'avec la plus grande difficulté, j'ai pensé qu'il serait urgent de donner à chacun une brigade de muletiers, pour le transport de ses munitions de guerre ; car le mulet passe partout, et de cette manière nous ne verrons plus en temps de guerre de ces portions de corps, forcées de se réunir faute de cartouches.

Comme une compagnie de chasseurs peut être souvent divisée par sections, où subdivisions, suivant l'exigence des cas extraordinaires, et qu'il est urgent qu'un officier marche toujours à la tête de ces différentes subdivisions, j'ai cru devoir donner un lieutenant en second en plus, et de porter le nombre des clairons à quatre, afin que chaque officier ait le sien en cas de séparation.

Une troupe qui doit habituellement manœuvrer devant l'ennemi sur une grande étendue de terrain, et qui doit souvent se trouver subdivisée, doit avoir nécessairement assez de chefs pour la guider et la surveiller. J'ai, par conséquent, augmenté le nombre des sergens, que je porte à six, ainsi que les caporaux, que je porte à douze, ce qui ne sera pas de trop, pour les compagnies qui pourront avoir de cent vingt-six à cent cinquante chasseurs en temps de guerre.

Maintenant que nous venons de traiter de l'organisation de l'infanterie légère, il faut aussi songer à son recrutement qui, devra s'opérer ainsi qu'il suit, pour répondre parfaitement aux principes qui régissent sa spécialité.

La France renferme dans son sein des localités bien différentes, bien opposées, ce qui fait que les hommes qui en reçoivent l'influence, ont, dans chaque province des goûts, des qualités physiques et morales, qui semblent faire plusieurs peuples dans une seule nation.

Parcourons d'un œil observateur les différentes provinces, et nous trouverons que sous le rapport militaire comme ledit fort judicieusement le général Lamarque, dans son ouvrage intitulé, *de l'Esprit militaire en France*, que si le Flamand, qui est lourd, pesant, difficile à s'enflammer, mais qui est terrible dans sa colère, convient à la grosse cavalerie; que si l'Alsacien, le Franc-Comtois et le Lorrain, conviennent à la cavalerie légère et à l'artillerie; que si le Poitevin obstiné, le Normand, le Breton à la tête de fer, sont propres à l'infanterie de ligne, qui, calme et inébranlable reste des heures entières sous le feu des batteries, nous pourrons prendre pour l'infanterie légère le Basque, le Gascon, le Béarnais, enfin tous les habitans du midi, qui doivent aux rayons du soleil plus ardent, à l'âpreté du sol, aux exercices violents de la jeunesse, leur vivacité, leur caractère aventureux, la souplesse de leurs membres, semblent être indiqués par la nature pour cette espèce d'infanterie.

Il faudra donc opérer le recrutement de nos bataillons de chasseurs, dans les départeens suivans, et y répartir les compagnies af-ctées à ce service suivant les besoins des calités et leurs ressources, savoir :

1° Les Pyrénées orientales ; 2° les Hautes-yrénées ; 3° les Basses-Pyrénées ; 4° les asses-Alpes ; 5° les Hautes-Alpes ; 6° l'Ardè-he, ; 7° l'Arriége ; 8° l'Aude ; 9° l'Aveyron ; 0° les Bouches du Rhône ; 11° le Cantal ; 12° Corse ; 13° le Gard ; 14° la Haute-Garonne ; 5° le Gers ; 16° l'Hérault ; 17° l'Isère ; 18° le ot-et-Garonne ; 19° la Lozère ; 20° le Tarn ; 1° Tarn-et-Garonne ; 22° le Var ; 23° Vau-use.

Ces vingt-trois départemens suffiront bien u-delà des besoins de notre infanterie légère, omme à ceux de nos compagnies de francs-reurs, qui sont une heureuse innovation dans otre constitution militaire, et qui, bien élevés u genre de service qu'on leur destine, devien-ront la terreur de nos ennemis.

3e CHAPITRE.

De l'armement, équipement, habillement et coiffure à lui donner, et de son administration.

Comme l'infanterie légère doit toujours exécuter ses manœuvres à l'insu de l'ennemi, que son genre de service l'oblige à s'approcher le plus près possible de lui, il faut qu'elle n'aît rien d'éclatant qui puisse la faire découvrir au loin, soit de jour, soit de nuit, et comme elle doit toujours agir avec la plus grande célérité, il faut aussi réduire la charge du chasseur sans nuire à son bien-être.

Armement.

L'armement consistera donc : 1° en une carabine rayée, à piston et bronzée, sauf la batterie ; 2° un couteau de chasse qui pourra se fixer au bout de la carabine. (a)

(a) Le hirschfenger des Tyroliens pourrait bien remplir ce but.

Néanmoins, je n'insisterai pas sur la carabine, i l'on y trouvait de trop grands inconvéniens; nais alors je prierais mes censeurs de conulter le chapitre de l'ouvrage intitulé : *Recherches sur le feu de l'Infanterie*, qui me paraît enfermer tout ce que l'on peut désirer pour le erfectionnement de nos armes à feu, qui sont i négligées chez nous, malgré quelques amélorations obtenues depuis 1816, et malgré nos ombreux comités.

J'aime à croire, et je suis persuadé, que le comité d'artillerie se rendra en majorité absoue aux raisonnemens judicieux, appuyés par les preuves sans nombre, de cet officier d'inanterie, auteur anonyme de cet excellent ourage, et qu'il reconnaîtra qu'on peut avoir du alent, posséder la science, sans être officier l'artillerie ou du génie, ce qui n'ôtera rien de 'illustration de cette arme spéciale, à laquelle ous rendons du reste toute la justice qu'elle nérite à tous égards.

Ainsi, on pourrait donner à notre infanterie égère, des fusils du calibre de vingt à la livre, avec les modifications proposées par l'officier anonyme qui est l'auteur de l'ouvrage précité, sans oublier de donner plus de pente à la crosse du fusil, et de remplacer les garnitures en bagues, par des tiroirs comme au fusil anglais.

Alors on pourrait toujours donner la carabine tyrolienne aux compagnies de francs-tireurs, qu'on ne peut manquer de former, à moins de vouloir se priver d'excellentes troupes légères, et qu'on devra organiser selon les vastes vues de l'illustre maréchal Soult, que je me garderai bien de contrôler.

Ces différentes compagnies de francs-tireurs, seraient, ainsi formées, d'un excellent service pour se mettre à la tête des colonnes de grandes reconnaissances, et seraient continuellement attachées aux différents états-majors, quartiers-généraux, pour y être à la disposition des officiers généraux, dont ils seraient le vrai flambeau pour les éclairer dans leurs opérations générales et sécondaires.

Équipement.

L'équipement se composera d'une cartouchière (*b*) et d'un havre-sac, dont le modèle se

(*b*) Le modèle de cette cartouchière se trouve à la planche, qui est en tête de l'ouvrage sur les partisans par M. Le Mière de Corvey.

trouve dans le Journal de l'Armée, n° 10, et qui a été proposé par M. Fraiche, capitaine de grenadiers au 23e de ligne : cette cartouchière est bien préférable à nos gibernes actuelles, qui sont beaucoup trop gênantes pour des hommes qui doivent courir beaucoup, et sa forme offre un grand avantage en ce qu'elle est attachée par deux anneaux mobiles, à un ceinturon de cuir bouclé sur le côté gauche, ce qui donne la facilité de la faire glisser derrière le dos, lorsque le soldat devra courir et combattre, et que de cette manière le chasseur ne sera pas gêné dans ses courses par une giberne qui bat continuellement sur la hanche, et s'il est obligé de courir, la ceinture ayant une boucle qui peut être serrée à volonté, il aura les reins affermis, ce qui lui donnera de la facilité pour faire des grandes marches.

La buffleterie sera noire, et toutes les boucles seront bronzées.

Habillement.

L'habillement se composera de ce qui suit :

1° Une redingote comme celle des chasseurs d'Afrique, de couleur verte, avec les passepoils jaunes, les boutons bronzés, ayant un cor de chasse avec le numéro du bataillon au milieu ; les épaulettes seront en écailles et sans franges ;

2° Une veste à manches, de couleur verte, mais que l'on laissera toujours au dépôt en temps de guerre, et hors du sac dans les marches de l'intérieur, en temps de paix ;

3° Un grand collet de drap vert, qui dépassera les genoux, pour s'en servir au bivouac, et qui devra toujours se porter sur le sac roulé en porte-manteau ;

4° Un pantalon vert en cuir-laine, bien étoffé, fait selon le modèle d'aujourd'hui, mais qui sera boutonné par devant et par derrière pour faciliter les besoins pressans, ce qui est fort essentiel dans les retraites, comme il a été prouvé dans toutes nos campagnes d'Espagne du temps de l'Empire, où l'instinct du soldat suppléa au vice de son habillement.

Chaussure.

Les chasseurs auront des bottines à la hongroise, qui devront être faites de manière à pouvoir y entrer facilement, qu'elles ne blessent pas les pieds, et qu'elles soient sans lacets ; cette chaussure est préférable aux souliers, qui nécessitent des guêtres, auxquelles on n'a pas toujours le temps de coudre des sous-pieds cassés au milieu d'une marche forcée, ce qui vous fait souvent perdre votre chaussure dans les boues profondes.

Coiffure.

La coiffure se composera d'un képi et d'un bonnet à la Marie-Louise.

Le képi sera en drap noir sur carton imperméable ; il aura le calot en cuir verni, garni d'un cercle en fer battu pour garantir la tête des coups de sabre, et il aura pour garniture un galon vert pour le haut et un bourdaloue en cuir verni pour le bas, avec une visière vernie qui sera droite et bien large. Quant aux ornemens du képi, il aura un grand cor de chasse avec le numéro du bataillon au milieu, des jugulaires en chaînettes larges de trois doigts, et la cocarde avec une petite ganse en laine jaune qui sera placée par-dessus le cor de chasse, et qui devra être surmontée par un pompon rond qui sera d'une couleur différente pour chaque compagnie, avec une plume noire. La coiffe du képi sera en toile cirée avec son couvre-nuque.

Administration.

L'administration de ces bataillons devra s'établir sur les mêmes bases de celle des autres corps de l'armée, et le capitaine-major en sera le chef responsable.

Comme notre but n'est pas de former un corps privilégié, la solde de ces bataillons de chasseurs sera celle des troupes de ligne; mais comme il faut que ces bataillons, qui n'ont ni grenadiers ni voltigeurs, aient une récompense à donner aux meilleurs tireurs et aux meilleurs sujets, on aura par bataillon 2 sergens-majors de 1re classe, touchant la solde d'élite comme dans la ligne, 12 sergens, 2 fourriers, 24 caporaux, 8 clairons et 252 chasseurs de 1re classe, qui seront répartis dans les compagnies. Ces chiffres ne devront jamais être dépassés, et lorsqu'il y aura des vacances, les capitaines proposeront toujours 3 candidats pour une place, le chef de bataillon choisira le plus méritant : de cette façon, on entretiendra l'émulation parmi les hommes qui rivaliseront de zèle pour mériter ces distinctions, auxquelles on attachera la prérogative de porter sur le bras gauche un cor de chasse en argent pour les sous-officiers, qui se placera au-dessus des galons, et un cor de chasse en soie-laine pour les caporaux-clairons et chasseurs.

4e CHAPITRE.

De son éducation militaire; de ses exercices; de ses manœuvres et de son service en campagne.

L'éducation militaire comprend tout ce qui doit rendre le soldat capable de supporter les grandes fatigues de la guerre, et d'exécuter avec intelligence et adresse tous les mouvemens ordonnés par ses chefs; c'est de l'impulsion que nous lui donnerons, que dépendront en partie nos succès, et nous ne saurions trop lui donner nos soins.

Ainsi, l'habituer par degrés aux grandes marches, lui apprendre à remuer les terres pour construire des fortifications de campagne ; l'assujétir aux jeux gymnastiques propres à doubler ses forces; occuper ses loisirs par des jeux qui lui feront oublier ceux qui charmaient son enfance, par une instruction facile qui le mette à même de s'avancer dans la carrière par des travaux utiles qui adouciraient son sort; enfin lui apprendre à manier ses armes avec adresse, lui enseigner à exécuter les diverses évolutions applicables à son genre de service, rentrent tout-à-fait dans le cadre de son éducation, et les chefs de ces bataillons, aidés de leurs officiers, ne sauraient trop s'attacher à la stricte exécution de ce programme; car il en est de l'éducation militaire comme de celle d'une famille : l'on récolte ce qu'on a semé.

En effet, si un chef de corps négligeait cette partie si essentielle de son métier, il ne pourrait espérer que de faibles succès et peu de gloire : c'est en temps de paix qu'il faut se préparer à la guerre, en apprenant aux soldats tout ce qu'on pourra exiger d'eux devant l'ennemi ; et certes l'on ne peut rien faire de bon avec des hommes habitués à une vie molle et oisive, tandis qu'avec des soldats endurcis à la fatigue, habitués aux privations et bien exercés, on peut tout entreprendre, tout oser, et acquérir beaucoup de gloire.

Nous classerons donc ces diverses parties de l'éducation militaire dans l'ordre suivant :

1° L'école de sodat;

2° L'école de peloton ;

3° Le premier article de la première partie de l'école de bataillon, les 2e, 3e et 4e parties de la même école, plus les divers changemens de front de la 5ᵉ partie et les articles 13 et 14, qui traitent des dispositions à prendre contre la cavalerie;

4ᵉ L'école des tirailleurs;

5° Le maniement de la baïonnette (par Muller), qui me paraît être une excellente instruction pour les Français, qui ont déjà rendu cette arme si redoutable entre leurs mains;

6° Le tir.

L'école du soldat sera suivie d'un bout à l'autre; mais comme la manière d'apprêter les armes est vicieuse pour la justesse du tir, j'adopterai celle des Anglais, qui font croiser la baïonnette et armer dans cette position, qui est naturelle à tous les bons tireurs.

L'instruction des tirailleurs adoptée par M. le Ministre de la guerre, et que nous avons à la fin de l'école de bataillon, étant, par la simplicité de ses mouvemens, à la portée de toutes les intelligences, devra être suivie de préférence à toute autre; j'y ajouterai seulement le passage du défilé en avant sur le centre, le passage du defilé en arrière par les deux ailes, et le passage du défilé par l'aile gauche, trois mouvemens de tirailleurs indispensables, soit en poursuivant un ennemi battu, soit en couvrant la retraite d'un corps. M. le baron de

Chambrun, ex-colonel du 4e léger, les a indiqués à la fin de ses manœuvres des tirailleurs, comme on pourra le voir à la fin des planches de son ouvrage.

Service en campagne.

7° Le traité sur le service de l'infanterie légère en campagne, traduit de l'allemand par M. le capitaine de Forestier, ex-lieutenant au 8e régiment de la garde royale, renfermant tout ce qu'on peut exiger de cette arme devant l'ennemi, devra être mis en pratique dans nos bataillons de chasseurs.

Promenades militaires.

On fera souvent des promenades militaires, principalement en hiver, tantôt sur les grandes routes, tantôt sur les chemins de traverse, dans les terrains montueux, dans les bois, et à travers champs, après les récoltes rentrées; on les combinera progressivement jusqu'à obtenir des marches forcées, avec l'habitude des privations longues et soutenues, comme l'a fait en France M. le colonel Combes, avec grand succès; on y exercera ces bataillons de chasseurs aux différentes parties de son service en campagne.

Le traité de la petite guerre de *Decker*, traduit de l'allèmand par M. le général Ravichio de Peretsdorf, qui décrit si bien le service des avant-postes, des partis, des reconnaissances et des partisans, devra aussi être suivi dans ces marches militaires.

Tir.

Le tir, qui est une des parties les plus essentielles de l'instruction, et dont on se soit occupé le moins, jusqu'ici, devra être porté à sa plus grande perfection, parce que c'est de sa justesse que dépendent nos plus grands succès.

On suivra donc à la lettre ce qu'en dit M. Delvigne, ancien officier de l'armée, dans son ouvrage intitulé : *Recherches sur le feu de l'infanterie*, car il traite de cette partie de l'éducation militaire avec beaucoup de profondeur, et ne laisse rien à désirer pour en obtenir les résultats les plus avantageux.

La plus grande latitude sera donnée aux chefs de corps pour faire de cet exercice si important, un objet d'émulation, en donnant des prix et des récompenses de toute nature aux plus adroits tireurs.

On ne fera passer les chasseurs à l'exercice du tir, qu'après qu'ils se seront familiarisés avec leurs armes, et qu'ils seront bien affermis dans l'exécution des deux écoles ; mais on devra néanmoins leur faire faire des exercices à feu homme par homme, pour les habituer à bien épauler avant de faire feu, et afin de leur faire contracter dès le principe l'habitude de bien ajuster, en les faisant tirer sur des objets à des distances différentes, et en leur faisant observer les principes du tir qui devront leur être expliqués d'une manière détaillée, lors de la théorie sur les armes qui se fait dans les chambres.

Les bataillons, en ne passant à l'instruction des tirailleurs qu'après avoir parcouru ces trois écoles, et une fois bien affermis dans ces divers mouvemens prescrits par l'instruction, on leur donnera des cartouches à balles, et on placera des cibles de distance en distance sur un terrain supposé occupé par l'ennemi, pour qu'ils visent toujours dessus, et on pourra même rendre ces cibles mobiles, pour les habituer à tirer sur tous les objets mouvans, ce qui, à la fin de chaque école, permettra aux chefs de bien juger de la justesse du tir, et d'en calculer les progrès.

Commandement.

Les commandemens se feront de la voix des chefs, munis à cet effet d'un porte-voix, pour lui donner plus d'étendue, et par les sonneries du clairon, lorsqu'ils seront trop éloignés de leur troupe.

Chaque officier devra être muni d'une petite lunette anglaise, qui est d'un bien bon usage aux avant-postes, pour distinguer de loin les positions et les mouvemens de l'ennemi.

On devra déterminer par un réglement spécial les exercices de chaque saison, afin qu'il y ait uniformité dans ces divers bataillons, et on devra sévir fortement contre la moindre infraction à cet égard.

Jeux gymnastiques.

Chaque bataillon aura son gymnase dans sa garnison, pour y être exercé à la course, à la danse, à l'escrime et à tout ce qui peut fortifier l'homme, développer son adresse et son agilité : des officiers seront désignés par le chef de corps pour surveiller le gymnase.

École de natation, d'escrime et de danse.

L'école de natation devra être dirigée, ainsi

que celles d'escrime et de danse, par les officiers reconnus les meilleurs nageurs et les meilleurs tireurs, aidés par un certain nombre de sous-officiers et caporaux désignés par eux, et l'on évitera dans les leçons de natation de s'amuser aux dépens des élèves, pour ne pas les dégoûter d'un exercice si nécessaire à des troupes appelées à franchir tous les obstacles de terrain sans aucun préparatif premier.

Pensant que ce cadre de l'éducation militaire pourra suffire à l'instruction de nos troupes légères, je m'arrête là, et je désire qu'il soit en harmonie avec les principes qui les régissent.

5e CHAPITRE.

Des différens cours de mathématiques élémentaires, d'histoire militaire ancienne et moderne, de géographie, de dessin linéaire, de topographie, de fortification passagère auxquels on devra assujétir les jeunes officiers; de la bibliothèque du corps; des écoles régimentaires pour les sous-officiers et soldats; des enfans de troupe.

L'instruction de nos officiers d'infanterie, comparée à celle des officiers de nos corps spéciaux, laisse beaucoup à désirer. Nos voisins du Nord sont en cela plus avancés que nous; mais il faut dire aussi que leurs gouvernemens y portent les plus grands soins, et leur accordent toutes les latitudes pour acquérir toutes les connaissances exigibles d'un bon officier, qui doit avoir la noble ambition de ne pas se borner au mécanisme de son état, et qui doit en étudier la science même, s'il veut atteindre les derniers échelons.

Nous avons en France de faux préjugés qui régissent despotiquement et généralement les officiers d'infanterie, qui croient que leurs connaissances doivent se borner à bien connaître leurs trois écoles; certes, c'est déjà beaucoup de pouvoir bien faire manœuvrer la troupe, mais ce n'est pas assez; en se bornant à cette instruction, l'on n'est jamais qu'un bon soldat, tandis que, pour un officier qui ne veut pas borner sa carrière aux emplois subalternes, il faut des connaissances plus étendues, plus variées, qu'il ne pourra acquérir que dans l'étude de l'art de la guerre; et comme pour se livrer à ses travaux, il faut des connaissances premières, une certaine éducation de famille qui manquent à la majeure partie d'entre nous, à notre entrée au service. J'ai cru nécessaire d'établir dans chaque bataillon d'infanterie légère, différens cours, qui mettront nos jeunes officiers sortis de la noble classe des sous-officiers, à même de marcher de pair avec ceux de leurs camarades qui, plus heureux ont pu, par les bienfaits de la fortune, jouir d'une plus brillante éducation.

La sollicitude à porter à nos écoles régimentaires est digne d'un gouvernement qui a été le régénérateur de toutes les libertés publiques, comme de la seule et vraie égalité : nous en avons déjà des marques irréfragables, dans les diverses instructions données aux chefs de corps par notre Ministre de la guerre, dont la France n'oubliera jamais les soins donnés à la réorganisation de ses armées.

En choisissant un officier du génie ou d'artillerie du grade de capitaine en second, je crois avoir rempli toutes les exigences de l'emploi de professeur pour MM. les officiers, et on pourra au besoin lui adjoindre des officiers du corps qui sortent de l'école spéciale de Saint-Cyr, pour l'aider dans ses nombreux travaux. Il dirigera donc les cours suivans, et avant chaque inspection générale, il désignera à M. le chef de bataillon les officiers qui auront fait le plus de progrès par suite de leur zèle, pour que ce

rnier puisse les recommander à la bien-
illance du gouvernement, par les soins de
. l'inspecteur, afin d'entretenir l'émulation
rmi ces messieurs.

SAVOIR :

1° Un cours d'histoire militaire ancienne et
oderne;

2° Un cours de géographie;

3° Un cours de mathématiques élémentaires
squ'aux équations du deuxième degré;

4° Un cours de topographie;

5° Un cours de dessin linéaire;

6° Un cours de fortification passagère, sur
ttaque et la défense des places, d'après
auban et Carnot.

Chaque bataillon aura sa bibliothèque dans
garnison, qui sera tenue par un officier re-
aité, désigné par le gouvernement (1), et
ui aura sous ses ordres un sous-officier en
ualité de sous bibliothécaire.

Cette bibliothèque sera composée de nos
eilleurs ouvrages de littérature, d'histoire,

(1) Cet officier jouissait d'un traitement de 300 fr.
n sus de sa retraite, ce qui améliorait bien la position
e plusieurs de ces braves vétérans de notre gloire qui
ous servent de modèle.

de géographie, de mathématiques et autres sciences, enfin de tous ceux qui traitent de l'art militaire, ainsi que de toutes les brochures, journaux périodiques et militaires, qui fourniront à ces corps d'officiers des moyens suffisans pour s'instruire journellement, sans dépenser beaucoup d'argent, tout en charmant leurs loisirs.

Cours de fortification passagère.

Il serait bien que pour le cours de fortification passagère, chaque chef de corps eût à sa disposition une caisse de plans en relief représentant différens ouvrages de campagne, tous les terrains imaginables, ainsi que le matériel et le personnel d'une armée, afin qu'on puisse suivre le mode d'instruction adopté en Autriche, qui est tout simple et qui ne nécessite aucun achat de terrain pour y faire des travaux, ce qui est toujours difficile à trouver, et ce qui deviendrait très onéreux pour l'Etat. Voici comment il se pratique : chaque chef de bataillon réunit plusieurs fois la semaine tous les officiers dans une salle commune du quartier, il désigne deux officiers à tour de rôle, pour exécuter les divers ouvrages qui nécessitent les positions qu'ils ont prises au préalable, l'un contre l'autre sur un terrain designé et construit par eux-mêmes à l'avance devant le chef de bataillon, qui raisonne ensuite avec eux sur les différentes chances de succès de part et d'autre, qui corrige les erreurs et applaudit aux bonnes dispositions, ce qui ne laisse pas de devenir très instructif pour ces messieurs.

Quant à la fortification permanente, on se bornera à bien apprendre les différens tracés et à connaître les premières notions de l'attaque et la défense des places d'après Vauban et Carnot, qui nous offrent dans leurs ouvrages un bon et vaste champ à parcourir.

Écoles pour les Sous-Officiers.

L'instruction à donner aux sous-officiers sera dirigée par le capitaine-major, qui aura sous ses ordres de jeunes officiers sortis de Saint-Cyr, et on la divisera ainsi qu'il suit

1° Un cours de grammaire raisonnée;

2° Cours d'histoire élémentaire;

3° Cours de géographie élémentaire;

4° Cours d'arithmétique;

5° Cours de dessin.

Écoles des Caporaux et Soldats.

Les écoles pour les caporaux et les soldats se diviseront comme ci-après :

1° L'enseignement mutuel pour lire et écrire;

2° Les premiers élémens de grammaire;

3° Les quatre règles de l'arithmétique,

Tous les officiers seront invités à suivre les différens cours affectés à leur instruction, mais on n'y obligera que les jeunes et les nouveaux promus au grade de sous-lieutenant.

Tous les sous-officiers le seront de même; mais le chef de corps ne forcera que ceux d'entre eux sur lesquels il aura des projets d'avancement. Quant aux caporaux et soldats on agira de même, mais on obligera les caporaux propres à obtenir de l'avancement.

Enfans de Troupe.

Les soins à donner à l'éducation de nos enfans de troupe doivent aussi entrer dans le cadre des sollicitudes paternelles du gouvernement; je proposerai donc que chaque bataillon ait une compagnie d'enfans de troupe qui sera surveillée par un officier, au choix du commandant, et qui aura un sergent et deux caporaux sous ses ordres, pour coucher avec eux dans la même chambrée, les mener aux écoles régimentaires, les accompagner à la promenade, et assister à tous les jeux hors de leurs occupations journalières, qui devront être fixées par un réglement.

On sentira sans doute l'importance de cette mesure, que plusieurs régimens de l'armée ont adoptée avec succès, et qui m'en ont suggéré l'heureuse idée.

Comme je n'ai pas la prétention de croire que mon système d'organisation soit le meilleur pour ramener l'infanterie légère au vrai but de son institution, je désire qu'il surgisse de meilleures idées du sein de la discussion qui pourra s'élever à la lecture de ce faible traité, et qu'une main plus habile s'en empare pour nous donner une constitution définitive.

Tels sont mes vœux, et il ne me reste plus qu'à prier mes lecteurs de me pardonner les erreurs qui auront pu se glisser dans ces divers chapitres, en me les signalant sans crainte de blesser mon amour-propre; car je serai toujours flatté d'avoir pu intéresser leur attention critique.

FIN.

www.ingramcontent.com/pod-product-compliance
Ingram Content Group UK Ltd.
Pitfield, Milton Keynes, MK11 3LW, UK
UKHW021009220726
13924UKWH00002B/934